BEI GRIN MACHT SICH IHR WISSEN BEZAHLT

- Wir veröffentlichen Ihre Hausarbeit, Bachelor- und Masterarbeit
- Ihr eigenes eBook und Buch - weltweit in allen wichtigen Shops
- Verdienen Sie an jedem Verkauf

Jetzt bei www.GRIN.com hochladen und kostenlos publizieren

Bibliografische Information der Deutschen Nationalbibliothek:

Die Deutsche Bibliothek verzeichnet diese Publikation in der Deutschen Nationalbibliografie; detaillierte bibliografische Daten sind im Internet über http://dnb.d-nb.de/ abrufbar.

Dieses Werk sowie alle darin enthaltenen einzelnen Beiträge und Abbildungen sind urheberrechtlich geschützt. Jede Verwertung, die nicht ausdrücklich vom Urheberrechtsschutz zugelassen ist, bedarf der vorherigen Zustimmung des Verlages. Das gilt insbesondere für Vervielfältigungen, Bearbeitungen, Übersetzungen, Mikroverfilmungen, Auswertungen durch Datenbanken und für die Einspeicherung und Verarbeitung in elektronische Systeme. Alle Rechte, auch die des auszugsweisen Nachdrucks, der fotomechanischen Wiedergabe (einschließlich Mikrokopie) sowie der Auswertung durch Datenbanken oder ähnliche Einrichtungen, vorbehalten.

Impressum:

Copyright © 2018 GRIN Verlag
Druck und Bindung: Books on Demand GmbH, Norderstedt Germany
ISBN: 9783668933460

Dieses Buch bei GRIN:

https://www.grin.com/document/464380

Tim Birkmann

Erstellung eines Krafttrainingsplans

Mit dem Ziel der Muskelhypertrophie und der gleichzeitigen Maximalkraftsteigerung für eine fortgeschrittene Bezugsperson

GRIN Verlag

GRIN - Your knowledge has value

Der GRIN Verlag publiziert seit 1998 wissenschaftliche Arbeiten von Studenten, Hochschullehrern und anderen Akademikern als eBook und gedrucktes Buch. Die Verlagswebsite www.grin.com ist die ideale Plattform zur Veröffentlichung von Hausarbeiten, Abschlussarbeiten, wissenschaftlichen Aufsätzen, Dissertationen und Fachbüchern.

Besuchen Sie uns im Internet:

http://www.grin.com/

http://www.facebook.com/grincom

http://www.twitter.com/grin_com

Gymnasium Landau a. d. Isar

Qualifikationsphase 2017/2019   Abiturjahrgang 2019

Seminararbeit

W-Seminar Sport

Sport – die interessanteste Nebensache der Welt

Erstellung eines Krafttrainingsplans mit dem Ziel der Muskelhypertrophie und der gleichzeitigen Maximalkraftsteigerung für eine fortgeschrittene Bezugsperson

---

Eingereicht von: Tim Birkmann
Abgabetermin: 06.11.2018

Abkürzungsverzeichnis

Abb.	Abbildung
Tab.	Tabelle
Wdh.	Wiederholung
Vgl.	Vergleiche
sec	Sekunden
IK	Intramuskuläre Koordination
min	Minuten
MTUT	Maximum Time Under Tention
ILB	Individuelles Leistungsbild
S.	Seite

Abbildungsverzeichnis   Seite:

Abb. 1	Effekte von intramuskulärem Koordinationstraining MIEßNER: Richtig Krafttraining, BLV Verlag, München, 2013, S.43	10
Abb. 2	Kraftleistung in Abhängigkeit der Trainingsjahre http://code-fitness.de/volumen-muskelaufbau/ aufgerufen am: 29.10.2018	12
Abb. 3	Trainingssplitempfehlung erfahrungsabhängig STOPPANI: Krafttraining – Die Enzyklopädie, Riva Verlag, München, 2016, S. 53	14
Abb. 4	Modell der Superkompensation PAULS: Das große Buch vom Krafttraining, Copress Verlag, München, 2012, S. 68	16
Abb. 5	Progressive Belastungssteigerung PAULS: Das große Buch vom Krafttraining, Copress Verlag, München, 2012, S. 68	17
Abb. 6	Zusammenhang Wiederholungszahl und -intensität während eines einzelnen Mesozyklus EHLENZ/GROSSER/ZIMMERMANN: Krafttraining – Grundlagen, Methoden, Übungen, Leistungssteuerung, Trainingsprogramme, BLV Sportwissen Verlag, 1983, S. 140	18
Abb. 7	Zirkadianer Rhythmus BREITENSTEIN/HAMM: Bodybuilding – erfolgreich, natürlich, gesund, BoD – Books on Demand, 2016, S.56	21
Abb. 8	Scott-Curl https://www.fitundattraktiv.de/scottcurl-die-besten-7-uebungen/ zuletzt aufgerufen am 31.10.2018	23
Abb. 9	Agonisten Supersatz mit Butterfly und Liegestütze https://www.fitundattraktiv.de/was-bringen-liegestuetze/ https://www.fitundattraktiv.de/butterfly-uebung-top-5-ausfuehrungen/ zuletzt aufgerufen am 31.10.2018	24

Abb. 10 Geeignete Dehnübungen für den Rücken 25
http://www.dehngymnastik.com/index.php?filt=R%FCcken&num=2
zuletzt aufgerufen am 02.11.2018

Tabellenverzeichnis Seite:

Tab. 1	Voraussetzungen	11
Tab. 2	Beispiel für einen Krafttest nach der ILB-Methode	13
Tab. 3	Beispiel Leg-Day STOPPANI: Krafttraining – Die Enzyklopädie, Riva Verlag, München, 2016, S. 47	15
Tab. 4	Eigenschaften Hypertrophietraining KIERDORF: Krafttraining – Schneller Muskelaufbau, Meyer & Meyer Sport Verlag, Aachen, 2015, S.51,52 STOPPANI: Krafttraining – Die Enzyklopädie, Riva Verlag, München, 2016, S.136	19
Tab. 5	Eigenschaften IK-Training EHLENZ/GROSSER/ZIMMERMANN: Krafttraining – Grundlagen, Methoden, Übungen, Leistungssteuerung, Trainingsprogramme, BLV Sportwissen Verlag, München, 1983, S.30,31 KIERDORF: Krafttraining – Schneller Muskelaufbau, Meyer & Meyer Sport Verlag, Aachen, 2015, S.51 PAULS: Das große Buch vom Krafttraining, Copress Verlag, München, 2012, S.77	20
Tab. 6	Beispielstrainingswoche	22
Tab. 7	Passende Wiederholungszahl in jeder Woche ESQEREDO: Enzyklopädie Muskeltraining, HEEL Verlag, Bonn, 2014[6], S.17 GROSSER/EHLENZ/GRIEBL/ZIMMERMANN: Richtig Muskeltraining, BLV Verlag, München, 1994, S.30,31	26
Tab. 8	Push-Day Hypertrophie Orientiert an: STOPPANI: Krafttraining – Die Enzyklopädie, Riva Verlag, München, 2016, S. 47	26
Tab. 9	Push-Day Intramuskuläre Koordination Orientiert an: KIERDORF: Krafttraining – Schneller Muskelaufbau, Meyer & Meyer Sport Verlag, Aachen, 2015, S.98	27

Tab. 10	Pull-Day Hypertrophie Orientiert an: STOPPANI: Krafttraining – Die Enzyklopädie, Riva Verlag, München, 2016, S. 47	27
Tab. 11	Pull-Day Intramuskuläre Koordination Orientiert an: KIERDORF: Krafttraining – Schneller Muskelaufbau, Meyer & Meyer Sport Verlag, Aachen, 2015, S.98	28
Tab. 12	Leg-Day Hypertrophie Orientiert an: STOPPANI: Krafttraining – Die Enzyklopädie, Riva Verlag, München, 2016, S. 47	28
Tab. 13	Leg-Day Intramuskuläre Koordination KIERDORF: Krafttraining – Schneller Muskelaufbau, Meyer & Meyer Sport Verlag, Aachen, 2015, S.98	29

Inhaltsverzeichnis: Seite:

Abkürzungsverzeichnis   2

Abbildungsverzeichnis   3

Tabellenverzeichnis   5

1. Einleitung   9

2. Krafttraining   10
     2.1. Hypertrophietraining   10
     2.2. Intramuskuläres Koordinationstraining   10

3. Zielsetzung   11
     3.1. Voraussetzungen   11
     3.2. Ziele   12

4. Krafttestung   12
     4.1. Notwendigkeit   12
     4.2. ILB-Methode (Vergleich Maximalkrafttest)   13

5. Trainingsplanung   14
     5.1. Trainingssplits   14
     5.2. 3er-Split   15
     5.3. Sporttheoretische Grundlagen   16
         5.3.1. Prinzip der Superkompensation   16
         5.3.2. Prinzip der progressiven Belastungssteigerung   17
     5.4. Mesozyklusplanung   17
         5.4.1. Hypertrophiephase   18
         5.4.2. Intramuskuläre Koordinationsphase   20
     5.5. Mikrozyklusplanung   21
         5.5.1. Krafttrainingsmethoden   23
             5.5.1.1. Isolationsmethode   23
             5.5.1.2. Agonisten-Supersatzmethode   24
         5.5.2. Aufwärmen   24
         5.5.3. Trainingspläne   25
             5.5.3.1. Push-Day   26
                 5.5.3.1.1. Hypertrophie   26
                 5.5.3.1.2. Intramuskuläre Koordination   27

5.5.3.2. Pull-Day		27
5.5.3.2.1. Hypertrophie		27
5.5.3.2.2. Intramuskuläre Koordination		28
5.5.3.3. Leg-Day		28
5.5.3.3.1. Hypertrophie		28
5.5.3.3.2. Intramuskuläre Koordination		29
5.5.4. Abwärmen		29
5.5.5. Instinktivprinzip		29
6. Weiterführung des Trainingsplans		**30**
Literaturverzeichnis		**31**

1. Einleitung

Jeder Mensch ist den ganzen Tag seinem eigenen Körpergewicht ausgesetzt, egal ob beim Stehen, Sitzen, Gehen oder den einfachsten alltäglichen Handlungen stellt sein Körper einen „biologischen Widerstand"[1] dar. Damit dieser überwunden werden kann benötigt es eine Menge an Muskulatur, welche die erforderte Kraft zur Verfügung stellt[2].

Bei sportlicher Aktivität ist diese Belastung auf die betroffenen Muskeln und Knochen um ein Vielfaches höher und es ist in jedem Fall sinnvoll unseren Bewegungsapparat vor dieser Belastungsprobe gut zu schützen. Zur Stärkung unserer Muskulatur gibt es verschiedene Möglichkeiten, eine davon ist Krafttraining. Krafttraining eignet sich für diese Aufgabe besonders gut[3], denn es „dient dem Erhalt und der Verbesserung der allgemeinen körperlichen Leistungsfähigkeit sowie der nötigen Belastbarkeit des Stütz- und Bewegungsapparates"[4].

Zudem bringt es einige weitere Vorteile mit sich, denn eine gut ausgeprägte Skelettmuskulatur bildet einen äußerst effizienten Schutz vor Verschleißerscheinungen und Verletzungen und beugt außerdem Osteoporose (Knochenabbau) und Muskelatrophie (Muskelabbau) vor[5]. Darüber hinaus hat sich in einer Studie erwiesen, dass Krafttraining auch die Fähigkeit zur Bewältigung von Alltagssituationen hinsichtlich größerer Blutdruck- und Herzfrequenzspitzen verbessert. Woraus geschlussfolgert werden kann, dass gesundheitsorientiertes Krafttraining eine nachhaltige Maßnahme zur Prävention von Herz-Kreislauf-Erkrankungen darstellt[6]. Ein nicht zu vernachlässigender Aspekt ist, dass gezieltes Fitnesstraining einen direkten Einfluss auf die Körperform und deren Zusammensetzung, d.h. auf den Anteil fettfreier Körpermasse hat. Es bietet dem Trainierenden somit die Möglichkeit, seinen

---

[1] MIEßNER 2013 S.26
[2] Vgl. MIEßNER 2013 S.26
[3] Vgl. MIEßNER 2013 S.26
[4] MIEßNER 2013 S.27
[5] Vgl. MIEßNER 2013 S.27
[6] Vgl. http://www.gesundheitaktivgestalten.de/aktuelles/...

Körper den eigenen Wünschen und Vorstellungen nach zu formen. Diese Effekte machen einen gewichtigen Teil der Motivation vieler Sportler aus[7].

Um diese Vorteile auch in vollem Umfang ausnutzen zu können ist es im Kraftsport, genauso wie in jeder anderen Sportart, von essentieller Bedeutung einen individuell angepassten Trainingsplan zu verfolgen, der die eigenen Ziele fokussiert und Trainingsfortschritte dokumentiert.

2. Krafttraining

2.1. Hypertrophietraining

Beim Hypertrophietraining, auch bekannt unter Muskelaufbautraining, handelt es sich um eine Krafttrainingsart, bei der hauptsächlich Lasten verwendet werden, die im Bereich von 70-85% der Maximalkraft liegen und im Allgemeinen der Vergrößerung des Muskelquerschnitts dienen[8]. Trainingseinheiten sind hierbei ein „elementarer Baustein zur inhaltlich-methodischen Gestaltung des Trainings, der zeitlich, organisatorisch und strukturell auf das Erreichen der im Trainingsplan fixierten Ziele ausgerichtet (...) ist"[9]. Das Hypertrophietraining sollte, aufgrund der relativ geringen Belastungen (70-85% der Maximalkraft), vor einem gezielten neuronalen Training der intramuskulären Koordination (abgekürzt IK) stehen, um das erweiterte Muskelpotential optimal auszuschöpfen[10].

2.2. Intramuskuläres Koordinationstraining

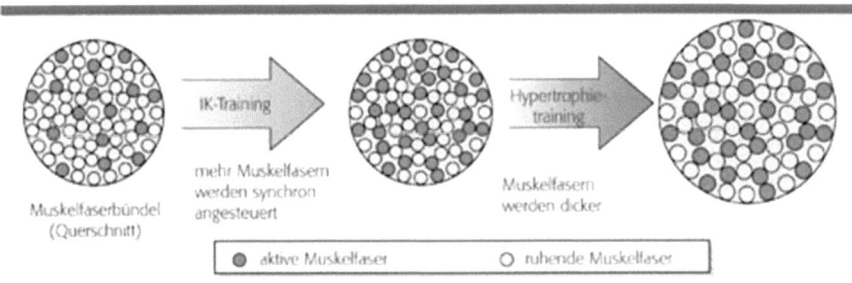

Abb. 1 Effekte von intramuskulärem Koordinationstraining

---

[7] Vgl. PAULS 201 S.30
[8] Vgl. PAULS 2012 S.76
[9] SCHNABEL/HARRE/KRUG 2016 S.418
[10] Vgl. PAULS 2012 S.76

Intramuskuläres Koordinationstraining aktiviert eine sehr hohe Anzahl motorischer Einheiten (Muskelfasern) in der Muskulatur, wodurch bei erfahrenen Kraftsportlern ein schneller Kraftzuwachs erzielt wird. Diese verstärkte Aktivierung wird mit Belastungen von 85% bis 100% der aktuellen maximalen Kraftfähigkeit erreicht[11].

Die erhöhte Kraftleistung beruht angesichts des mangelnden Muskelzuwachses durch die maximalen und submaximalen Belastungen und der daraus folgenden kurzen Reizdauer, nur auf einer Verbesserung der nervalen und biochemischen Faktoren[12], was bedeutet, dass der Muskel lernt möglichst viele seiner vorhandenen Fasereinheiten gleichzeitig und mit hoher Impulsfrequenz der Nerven anzuspannen. Er kann also höhere Kraftwerte abrufen, ohne den Muskelquerschnitt zu vergrößern[13]. In der Fachsprache spricht man von „Rekrutierung, Synchronisation und Frequenzierung"[14].

3. Zielsetzung

Die Zielsetzung ist in der Trainingsplanung von enormer Wichtigkeit, denn die verschiedenen Trainingsmethoden, die im Krafttraining existieren, haben exzessiven Einfluss auf die letztendliche Erfüllung dieser Ziele. Möchte man bewusst und zweckmäßig trainieren, ist es dringend erforderlich die richtigen Trainingstechniken und Übungen auszuwählen[15].

3.1. Voraussetzungen

Der Krafttrainingsplan eignet sich für jede Person mit folgenden Eigenschaften:

Alter:	Mindestens 15 Jahre
Geschlecht:	egal
Trainingsmotiv:	Muskelmasse aufbauen/Kraft erhöhen
Zeitlicher Verfügungsrahmen:	6-mal wöchentlich 1,5 Stunden
Krafttrainingserfahrung:	Mindestens 10 Monate
Körperliche Einschränkungen:	Keine

Tab. 1 Voraussetzungen

---

[11] Vgl. MIEßNER 2013 S.69
[12] Vgl. GROSSER/EHLENZ/GRIEBL/ZIMMERMANN 1994[6] S.30,31
[13] Vgl. PAULS 2012 S.75
[14] PAULS 2012 S.75
[15] Vgl. KIERDORF 2015S.16

3.2. Ziele

Das verfolgte Ziel ist im Grunde genommen die Muskelhypertrophie bei gleichzeitiger Verbesserung der Kraft-/Maximalkraftwerte. Am schnellsten wird dies durch eine Kombination beider biologischer Möglichkeiten erreicht, nämlich auf der einen Seite ein Training mit geringeren Widerständen und hoher Wiederholungszahl, wodurch der Muskelaufbau gefördert wird, und auf der anderen Seite mit einem Training mit hohen Widerständen und geringen Wiederholungszahlen, das der Steigerung der intramuskulären Koordination dient[16].

4. Krafttestung

4.1. Notwendigkeit

Jeder Mensch verfügt über einen einzigartigen Körperbau und ein abweichendes Trainingsniveau, somit hat auch jeder unterschiedliche Kraftwerte. Grundsätzlich gilt: Je länger ein Sportler seine Sportart betreibt, desto höher ist seine Kraftleistung aufgrund der längeren Trainingserfahrung (Abb. 2)[17]. Hier ist ein Krafttest von Sinnhaftigkeit, denn

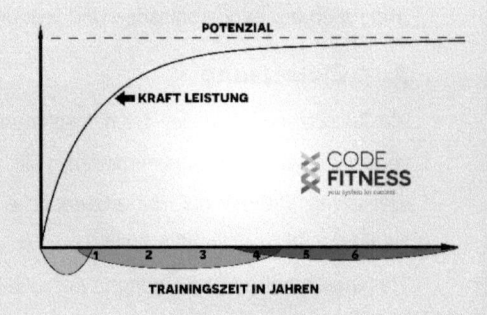

Abb. 2 Kraftleistung in Abhängigkeit der Trainingsjahre

allgemein ist es ein „wissenschaftliche[s] Routineverfahren zur Untersuchung eines oder mehrerer theoretisch definierbarer und empirisch abgrenzbarer motorischer Persönlichkeitsmerkmale"[18]. Der Krafttest ermöglicht es also das Training auf sich und seinen aktuellen Leistungszustand abzustimmen und Leistungszuwächse innerhalb eines gegebenen Zeitraumes zu dokumentieren[19].

---

[16] Vgl. GROSSER/EHLENZ/GRIEBL/ZIMMERMANN 1994[6] S.31,32
[17] Vgl. WEINECK, A./WEINECK, J., Band 1, 2010[8] S.132
[18] WEINECK, A./WEINECK, J./WATZINGER, Band 3, 2010[7] S.111
[19] Vgl. WEINECK, A./WEINECK, J./WATZINGER, Band 3, 2010[7] S.111

4.2. ILB-Methode

Die ILB-Methode, auch bekannt unter „individuelle[r] Leistungsbildmethode"[20] ist eine praktisch-orientierte Methode zur Bestimmung der Kraft einer beliebigen Person. Im Vergleich zum Einer-Maximalkrafttest, bei dem man ein bestimmtes Gewicht für eine passende Übung wählt und dieses solange erhöht wird, bis die maximale Leistungsfähigkeit des Klienten für nur eine Wiederholung erreicht wurde[21], bringt die ILB-Methode mehrere Vorteile mit sich, denn hierbei werden pro Test so viele Wiederholungen gemacht, wie sie auch tatsächlich von der Trainingsplanung für diese Übung vorgegeben sind. Befindet man sich beispielsweise aktuell in einer Hypertrophiephase, wird der Test also mit etwa 10 Wiederholungen durchgeführt, wurde ein Gewicht erreicht, mit dem keine elfte Wiederholung möglich ist, ist die Maximalkraft erreicht. Der Vorteil ergibt sich daraus, dass der Klient ein direktes Ergebnis seiner Leistungsfähigkeit in Abhängigkeit der aktuell relevanten Wiederholungszahl erhält. Beim Einer-Maximalkrafttest würden diverse Abweichungen entstehen, da die maximal ermittelte Kraft prozentual auf den gewünschten Wiederholungsbereich heruntergerechnet werden müsste[22].

Übung:	Anzahl an Wiederholungen:	Maximalergebnis in Kilogramm:
Kniebeuge	10	115
Klimmzug	10	85
Rudern	10	90
Bankdrücken	10	100
Schulterdrücken	10	40
Kreuzheben	10	100

Tab. 2 Beispiel für einen Krafttest nach der ILB-Methode

Getestet werden bei einem Krafttest meistens nur die Grundübungen, dazu zählt die Kniebeuge, Klimmzug, Kreuzheben, Bankdrücken, Rudern und Schulterdrücken[23].

---

[20] MIEßNER 2013 S.44
[21] Vgl. MIEßNER 2013 S.44
[22] Vgl. MIEßNER 2013 S.45
[23] Vgl. PAULS 2012 S.164

5. Trainingsplanung

Die Trainingsplanung ist definiert als „ein auf das Erreichen eines Trainingsziels ausgerichtetes, den individuellen Leistungszustand berücksichtigendes [Krafttest] Verfahren der vorausschauenden, systematischen Strukturierung des langfristigen Trainingsprozesses"[24]. Somit ist es also bei der Steuerung des Krafttrainings - genauso wie bei anderen Sportarten - stets zu beachten, dass das Training in regelmäßigen, zeitlich kurzen Abständen erfolgt und an die Leistungsfähigkeit des Trainierenden angepasst wird. Es darf hierbei nicht außer Acht gelassen werden, dass sich die Adaption an die Trainingsreize bei verschiedenen Klienten nicht beständig in gleichem Maße arrangiert und Trainingspläne daher immer individuell zu erstellen sind[25].

5.1. Trainingssplits

Trainingsanfänger trainieren üblicherweise nach einem Ganzkörpertrainingsplan, welcher es ihnen ermöglicht in einem Workout den ganzen Körper, das heißt bis zu elf Hauptmuskelgruppen, zu trainieren. Müssen so viele Muskelgruppen in einem Workout gleichzeitig beansprucht werden, ist die Anzahl der Übungen und

Abb. 3 Trainingssplitempfehlung erfahrungsabhängig

Trainingssätze minimal, da nicht unendlich viel Zeit im Fitnessstudio verbracht werden kann. So kann allerdings jede Muskelgruppe öfter trainiert werden und die Voraussetzung für eine richtige Ausführung aller relevanten Übungen wird geschaffen[26].

Fortgeschrittenere Sportler reicht die geringe Anzahl an Übungen und Trainingssätzen nicht mehr aus, um einen genügend großen Trainingsreiz zu

---

[24] WEINECK, A./WEINECK, J., Band 1, 2010[8] S.37
[25] Vgl. FREIWALD/GREIWING 2015 S.297
[26] Vgl. STOPPANI 2016 S.43

setzen, sie teilen ihren Körper also in sogenannte „Splits"[27]. Es werden somit in einem einzigen Workout nicht mehr der ganze Körper, sondern nur eine bestimmte, vom Trainingssplit abhängige Körperpartie trainiert. Je höher der Trainingssplit, desto mehr Trainingstage beinhaltet ein einziger Trainingszyklus und desto intensiver kann auch das Training sein, da dem Muskel eine längere Erholungsphase zur Verfügung steht[28].

5.2. 3er-Split

Für Kraftsportler mit einer Trainingserfahrung von 10 bis 18 Monaten empfiehlt sich üblicherweise ein Dreitages-Trainingssplit (Abb. 3)[29]. Obwohl es nicht von primärer Bedeutung ist, wie die Muskelgruppen im Training in Gruppen zusammengefasst werden, gibt es eine sehr geläufige Variante. Hier gibt es folgende Workouts: einen Beintag oder Leg-Day (Quadrizeps, Beinbeuger, Waden → Tab. 3), einen Drücktag oder Push-Day für die Muskeln, die bei Drückübungen zum Einsatz kommen (Brust, Schultern, Trizeps) und einen Zugtag, auch genannt Pull-Day, bei dem alle Muskeln trainiert werden, die bei Zugbewegungen beansprucht werden (Rücken, Bizeps, Unterarme, Trapezmuskel). Muskeln wie die am Bauch können beliebig in eines der drei Grundworkouts eingebaut werden[30].

Muskel:	Übung:	Sätze:	Wdh.:
Quadrizeps:	Kniebeuge	3	10
	Beinpresse	3	10
	Beinstrecken	3	10
Beinbeuger:	Beincurls im Liegen	3	10
Waden:	Wadenheben im Stehen	3	10
	Wadenheben im Sitzen	3	10

Tab. 3 Beispiel Leg-Day

Diese Option bietet einen ausschlaggebenden Vorteil, da aufgrund der sinnvollen Einteilung in ein drückendes und ziehendes Workout, sowie in einen Beintag die

---

[27] HARMS 2018 S.48
[28] Vgl. HARMS 2018 S.48
[29] Vgl. STOPPANI 2016 S.53
[30] Vgl. STOPPANI 2016 S. 47

Muskeln immer vollkommen regeneriert und nicht durch das vorhergehende Training bereits geschwächt sind. Wird beispielsweise ein Tag nach einem Rückentraining der Bizeps trainiert, war dieser aufgrund der ziehenden Bewegungen indirekt ins Rückentraining involviert und ist dadurch nicht vollständig erholt. Bei dieser Variante ist das nicht der Fall.

5.3. Sporttheoretische Grundlagen

Wie auch in anderen Sportarten unterliegt die Trainingsplanung im Krafttraining grundlegenden sporttheoretischen Grundlagen, die keinesfalls außer Acht gelassen werden dürfen.

5.3.1. Prinzip der Superkompensation

Superkompensation ist die überschießende Wiederherstellung der Energiespeicher eines Organismus, nach einem ausreichend großen Trainingsreiz[31]. Hierbei kommt es „zur akuten oder funktionellen ‚extragenetischen Adaptation', die im Moment des Trainings stattfindet; die chronische oder epigenetische Adaptation, die

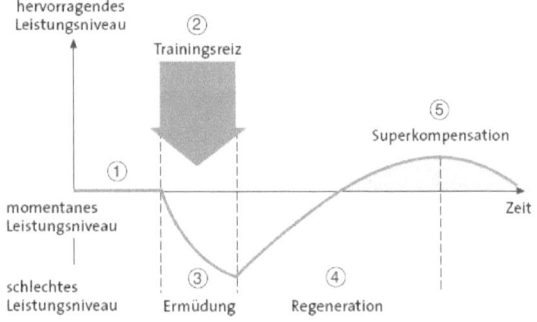

Abb. 4 Modell der Superkompensation

durch die Wiederholung [des Trainings] zustande kommt, bringt den Körper zu einer Steigerung seiner Funktionen"[32].

Einfach erklärt bedeutet das, dass der Muskel beim Training mit einer ungewohnt hohen Anstrengung konfrontiert wird. Je höher diese ist, desto höher ist die Erschöpfung der Energiereserven im Muskel und desto intensiver der Trainingsreiz. Durch die Trainingsreize werden körpereigene Hormone ausgeschüttet, die bestimmte Anpassungsprozesse, beispielsweise Muskelwachstum in der Ruhephase nach dem Training bewirken. Sind die Prozesse abgeschlossen, ist der Muskel für eine gewisse Zeit leistungsfähiger

---

[31] Vgl. WEINECK, A./WEINECK, J., Band 1, 2010[8] S.16
[32] ESQEREDO 2014[6] S.19

(Abb. 5), hierauf sollte der nächste Trainingsreiz folgen, um kontinuierlich eine Leistungssteigerung herbeizuführen[33].

Im Bezug zum Krafttraining sollte deshalb mindestens einmal pro Woche trainiert werden, um überhaupt Fortschritte zu erzielen[34].

5.3.2. Prinzip der progressiven Belastungssteigerung

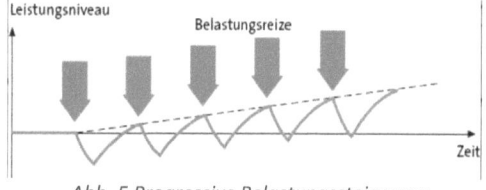

Abb. 5 Progressive Belastungssteigerung

Die Superkompensation ist eng verbunden mit dem Prinzip der progressiven Belastungssteigerung, welche besagt, dass sobald Trainingsbelastungen über längeren Zeitraum gleichbleiben, sich der Organismus schon so weit angepasst hat und somit[35] „die gleichen Belastungsreize nicht mehr überschwellig stark wirken oder sogar unterschwellig werden"[36]. Letztendlich wird keine weitere Leistungssteigerung hervorgerufen. Ist das Ziel seine Leistung kontinuierlich zu verbessern ist die fortschreitende Steigerung der Trainingsbelastungen in gewissen Zeitabständen (Progression) ein essenzieller Aspekt. Die Maßnahmen gegen eine Stagnation sind im Kraftsport meist an einer Erhöhung der Wiederholungszahl oder des Trainingsgewichts erkennbar[37].

5.4. Mesozyklusplanung

In der Sportwissenschaft versteht man unter einem Mesozyklus einen „aus mehreren Mikrozyklen (siehe S.12) bestehende[n], mittelfristige[n] Trainingsabschnitt, der in seiner inhaltlichen und belastungsdynamischen Grundstruktur und damit in seiner Hauptwirkungsrichtung im Trainingsprozess wiederkehrt und durch Belastungsmodifikation dem sich verändernden Leistungszustand des Sportlers"[38] angepasst wird. Will der Sportler sein

---

[33] Vgl. PAULS 2012 S.68
[34] Vgl. PAULS 2012 S.68
[35] Vgl. EHLENZ/GROSSER/ZIMMERMANN 2013 S.127
[36] EHLENZ/GROSSER/ZIMMERMANN 2013 S.127
[37] Vgl. EHLENZ/GROSSER/ZIMMERMANN 2013 S.127
[38] SCHNABEL/HARRE/KRUG 2016 S.425

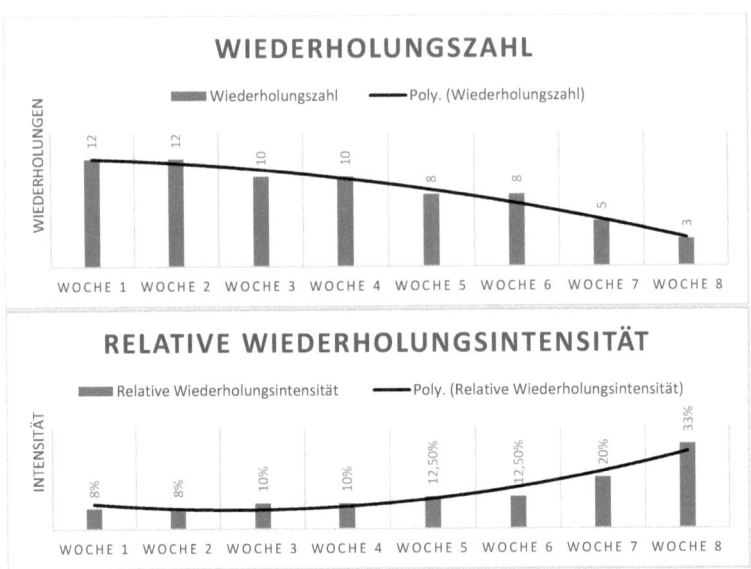

Abb. 6 Zusammenhang Wiederholungszahl und -intensität während eines einzelnen Mesozyklus

Leistungsniveau beziehungsweise seine Kraftwerte ständig erhöhen, befindet er sich permanent im Grenzbereich seiner individuellen Belastbarkeit, auf Dauer ist dies jedoch nicht möglich und deshalb muss man sein Training in bestimmte Phasen einteilen[39].

Als Dauer des Mesozyklus wurde hierfür eine Periode von 8 Wochen ausgewählt, woraufhin eine Woche Pause folgt. Abbildung 6 veranschaulicht den Zusammenhang und den Verlauf von Wiederholungszahl und -intensität während einer Phase.

5.4.1. Hypertrophiephase

Die ersten sechs Wochen des Mesozyklus dienen der Muskelhypertrophie (Abb. 6). Da einige Studien zeigten, dass die ideale Wiederholungszahl für das Muskelaufbautraining zwischen 8 und 12 liegt, setzt man für die ersten zwei Wochen 12 , für die dritte und vierte Woche 10 und für die fünfte und sechste Woche 8 Wiederholungen an, um den ganzen Bereich zu decken und das Training nicht monoton wirken zu lassen. Nicht jeder Trainingstag ist gleich, daher dienen

---

[39] Vgl. MIEẞNER 2013 S.77

diese Wiederholungsangaben nur als Richtwert, sollten mal weniger oder mehr Wiederholungen möglich sein. Es sollte aber trotzdem in allen Sätzen bei richtiger Übungsausführung bis zur vollkommenen Ermüdung des Muskels, auch Muskelversagen genannt, trainiert werden[40]. Bei der richtigen Wahl des Trainingsgewichts kann der Krafttest behilflich sein.

	Wiederholungen:	Satzdauer:	Satzpause:	Intensität:
Hypertrophie:	8-12	60-80 sec	1-3 min	70-85%

Tab. 4 Eigenschaften Hypertrophietraining

Die Geschwindigkeit der Bewegungsausführung spielt bei dem Aufbau von Muskelmasse eine essentielle Rolle, so wird durch eine sehr langsame Ausführung besonders schnelles Muskelwachstum aufgrund einer höchstmöglichen Hormonantwort des Körpers ausgelöst[41]. Optimale Ergebnisse werden mit „MTUT"[42] (Maximum Time Under Tension) also maximaler Zeit unter Spannung erreicht, das bedeutet eine Wiederholung sollte etwa 10 Sekunden dauern, also eine Bewegungsphase, exzentrisch und konzentrisch also circa 4 bis 5 Sekunden in Anspruch nehmen[43]. In der Praxis ist das nur schwer umsetzbar, doch der Leitsatz gilt, stets alle Wiederholungen möglichst langsam auszuführen.

Um die Trainingsreize für einen fortgeschrittenen Kraftsportler ausreichend stark zu dosieren, bietet es sich an pro Training 4 bis 6 Übungskombinationen pro Muskel mit je 3 Sätzen pro Übung zu absolvieren[44].

Nach dem vollendeten Trainingssatz ist der Körper beziehungsweise die jeweilige Muskelgruppe sehr geschwächt und benötigt eine gewisse Ruhepause, welche von der vorgegebenen Wiederholungszahl abhängt. In der Hypertrophiephase beträgt diese in etwa 2 bis 3 Minuten, ist die Anzahl an Wiederholungen relativ hoch, sprich 12 oder sogar darüber, kann die Satzpause theoretisch noch kürzer

---

[40] Vgl. ESQEREDO 2014[6] S.17
[41] Vgl. KIERDORF 2015 S.51,52
[42] KIERDORF 2015 S.52
[43] Vgl. KIERDORF 2015 S.51,52
[44] Vgl. GROSSER/EHLENZ/GRIEBL/ZIMMERMANN 1994[6] S.58

gehalten werden. Eine Variation der Pausenlänge im Laufe des Mesozyklus kann sich zusätzlich positiv auf die Muskelzuwächse auswirken[45].

5.4.2. Intramuskuläre Koordinationsphase

Infolge der hohen Intensitäten beim intramuskulären Koordinationstraining sollte eine solche Phase nicht länger als 2 bis 4 Wochen dauern, wofür in diesem Mesozyklus die siebte und die achte Woche (Abb. 6) angesetzt wurde, und deswegen in der neunten (Pausewoche) auch kein Krafttraining zur vollständigen Regeneration vor einem weiteren Zyklus stattfindet[46]. Um bei dieser Art von Krafttraining das gewünschte Ziel, der Innervationserhöhung motorischer Einheiten, zu erreichen, benötigt es sehr hohe Trainingsintensitäten, welche zur Folge haben, dass pro Satz nur etwa 3 bis 5 Wiederholungen möglich sind. Damit eine gewisse Variation ins Training kommt, wählt man auch hier wieder eine unterschiedliche Wiederholungsanzahl in der siebten und achten Woche, ebenso wird der Körper nochmals anders belastet, was sich wiederum positiv auf den Trainingserfolg auswirkt[47].

	Wiederholungen:	Satzdauer:	Satzpause:	Intensität:
IK:	3-5	15-25 sec	3-5 min	85-95%

Tab. 5 Eigenschaften IK-Training

Im Gegensatz zum Hypertrophietraining werden die Wiederholungen beim IK-Training „mit der ‚schnellstmöglichen' Bewegungsgeschwindigkeit"[48] ausgeführt, welche allerdings tatsächlich wegen des hohen Trainingsgewichts relativ langsam erscheint. Die Zeit für eine Wiederholung beträgt somit etwa 5 Sekunden[49]. Das IK-Training bezieht sich im Allgemeinen meist nur auf die Grundübungen, da in anderen Übungen diese hohe Intensität weitgehend zu einer falschen Bewegungsausführung führt, es sei denn der Klient ist auch bei hohen Belastungen fähig die richtige Technik beizubehalten. Das Workout umfasst so

---

[45] Vgl. STOPPANI 2016 S.136
[46] Vgl. MIEßNER 2013 S.69
[47] Vgl. GROSSER/EHLENZ/GRIEBL/ZIMMERMANN 1994[6] S.30,31
[48] KIERDORF 2015S.51
[49] Vgl. KIERDORF 2015 S.51

pro Übung zwischen 5 bis 8 Sätze[50] mit jeweils mindestens 3 bis 5 Minuten Satzpause[51].

5.5. Mikrozyklusplanung

Ein Mikrozyklus ist ein „[r]elativ kleiner, aus mehreren Trainingseinheiten bestehender Trainingsabschnitt, der in seiner inhaltlichen und belastungsdynamischen Grundstruktur und damit in seiner Hauptwirkungsrichtung im Trainingsprozess wiederkehrt und durch Belastungsmodifikation des sich verändernden Leistungszustand des Sportler angepasst wird."[52] Der Mikrozyklus ist der kleinste der Trainingszyklen und besteht aus mindestens zwei Trainingseinheiten, wird aber meistens als ein bis zwei Wochenzyklus realisiert, da sich die Kalenderwoche als günstige Planungsgröße erweist und sich am besten in den Alltag des Sportlers integrieren lässt[53].

Die Funktion des Mikrozyklus besteht hauptsächlich darin, die Anzahl und den Zeitpunkt der einzelnen Trainingseinheiten vorzugeben[54], allerdings auch eine optimale Relation von Beanspruchung und Erholung zu konstruieren[55].

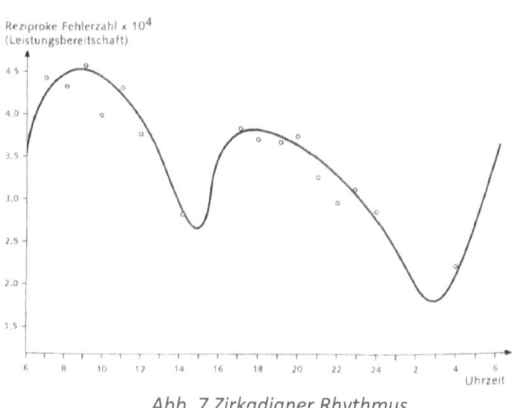

Abb. 7 Zirkadianer Rhythmus

Ist der Athlet nicht allzu stark an seinen Alltag gebunden und er kann seinen Trainingszeitpunkt frei wählen, gibt es durchaus Tageszeiten, an denen der Körper am leistungsfähigsten ist. So unterliegt der menschliche Organismus in seiner Leistungsbereitschaft im Tagesverlauf Hochs

---

[50] Vgl. GROSSER/EHLENZ/GRIEBL/ZIMMERMANN 1994[6] S.31
[51] Vgl. PAULS 2012 S.77
[52] SCHNABEL/HARRE/KRUG 2016 S.421
[53] Vgl. SCHNABEL/HARRE/KRUG 2016 S.421
[54] Vgl. WEINECK, A./WEINECK, J., Band 1, 2010[8] S.44
[55] Vgl. SCHNABEL/HARRE/KRUG 2016 S.421

und Tiefs[56], es wird darum auch vom „zirkadianen Rhythmus"[57] gesprochen. Aus Abbildung 7 kann abgelesen werden, dass die höchste Leistungsbereitschaft morgens zwischen 8 und 10 Uhr gegeben ist. Zwischen 17 und 18 Uhr folgt nach einem mittäglichen Tief ein weiterer Zeitpunkt der erhöhten Leistungsbereitschaft. Der Tiefpunkt wird gegen 3 Uhr nachts erreicht[58].

Die richtige Wahl der Übungsreihenfolge spielt zudem während des Trainings eine primäre Rolle, denn wird diese nicht eingehalten, so kann es zu schweren Verletzungen aufgrund beispielsweise bereits eingetretener Erschöpfung und der daraus resultierenden falschen Bewegungstechnik führen. Grundsätzlich gilt die Regel, dass koordinativ anspruchsvolle Übungen (Grundübungen) vor weniger anspruchsvollen (Isolationsübungen) ausgeführt werden sollten. Zudem muss beachtet werden, dass mehrgelenkige Übungen vor eingelenkigen Übungen stehen sollten, was meistens auch das Training von größeren Muskelgruppen vor kleineren Muskelgruppen (von innen nach außen – Beispiel: Rücken → Schulter → Bizeps → Unterarme) mit sich zieht[59].

Zur Vermeidung von Übertraining ist es wichtig ausreichend große Regenerationszeiten einzuhalten. Bei intensivem Hypertrophie- und IK-Training sollte als Zeitintervall in etwa 72 bis 96 Stunden zwischen der nächsten gleichartigen Reizsetzung liegen. Beim 3er-Split empfiehlt es sich deshalb nach einem Trainingszyklus einen Tag Pause einzulegen, so sind zur nächsten gleichwertigen Reizsetzung knapp 4 Tage (Beispiel Tab.6) vergangen[60].

Montag	Dienstag	Mittwoch	Donnerstag	Freitag	Samstag	Sonntag
Push-Day	Pull-Day	Leg-Day	Pause	Push-Day	Pull-Day	Leg-Day

Tab. 6 Beispielstrainingswoche

---

[56] Vgl. BREITENSTEIN/HAMM 2016 S.55
[57] BREITENSTEIN/HAMM 2016 S.55
[58] Vgl. BREITENSTEIN/HAMM 2016 S.56
[59] Vgl. FREIWALD/GREIWING 2015 S.302
[60] Vgl. PAULS 2012 S.103

5.5.1. Krafttrainingsmethoden

In der Regel werden in jeder einzelnen Trainingseinheit eine Menge verschiedener Krafttrainingsmethoden verwendet, sie haben in den meisten Fällen den Sinn, das Training für den Sportler effizienter und attraktiver zu gestalten. In dieser Trainingsplanung wird hauptsächlich von zwei dieser Methoden Gebrauch gemacht.

5.5.1.1. Isolationsmethode

„Die Isolationsmethode hat zum Zweck, einem ganz bestimmten Muskel vollste Aufmerksamkeit zu widmen, einen Muskel also ausschließlich zu ‚bearbeiten'."[61] Das ist meist nur bei eingelenkigen Übungen realisierbar, wie etwa beim Armbeugen, Armstrecken und den Butterflys, usw.

Abb. 8 Scott-Curl

Im Gegensatz zu eingelenkigen entsprechen mehrgelenkigen Übungen nicht dieser Methode (Kniebeuge, Bankdrücken, Klimmzüge), da hier nicht nur ein Muskel isoliert trainiert wird, sondern ein Zusammenspiel mehrerer Muskelgruppen nötig ist. Beim Training nach der Isolationsmethode sind Faktoren, wie das Trainingsgewicht nicht der entscheidende Faktor, das vorrangige Ziel ist die optimal gezielte Belastung eines bestimmten Muskels[62]. Das Paradebeispiel einer Isolationsübung ist der Bizeps-Curl beziehungsweise eine Abwandlung davon, nämlich dem sogenannten Scott-Curl (Abb. 8), bei dem der Arm auf einer schrägen Bank aufliegt und durch die so geschaffene fixierte Stellung des Ellbogens ausschließlich der Bizeps trainiert wird[63].

---

[61] MIEßNER 2015 S.134
[62] Vgl. MIEßNER 2015 S.134
[63] Vgl. DELAVIER 2016[15] S.15

5.5.1.2. Agonisten-Supersatzmethode

Supersätze sind eine sehr beliebte Methode zur völligen Ausreizung der jeweiligen Muskelgruppe und dem damit verbundenen stärkeren Hypertrophiereiz[64]. „Ein Supersatz besteht aus einer Kombination zweier unmittelbar hintereinander ausgeführter Übungssätze. Erst nach Beendigung des zweiten Satzes wird eine Satzpause zur Erholung eingelegt."[65] Ein zusätzlicher Vorteil der Supersatzmethode ist die wesentliche Verkürzung der Trainingszeit, da zwischen den einzelnen Übungen keine Pausen benötigt werden und der Muskel aufgrund dessen stärker erschöpft beziehungsweise die genügend große Reizschwelle schneller erreicht ist. Als passende Übungskombination bieten sich beispielsweise nach den Butterflys die Liegestütze (Abb. 9) an, da beide die Brustmuskulatur beanspruchen[66].

Abb. 9 Agonisten-Supersatz mit Butterfly und Liegestütze

5.5.2. Aufwärmen

„Unter Aufwärmen werden alle Maßnahmen verstanden, die vor einer sportlichen Belastung (...) der Herstellung eines optimalen psychophysischen und koordinativen Vorbereitungszustandes sowie der Verletzungsprophylaxe dienen."[67] Viele Sportler beginnen nämlich mit dem Training ohne sich im Vorhinein richtig aufzuwärmen, doch das kann zu erheblichen Schäden führen, so wird durch ein richtiges Warm-up die Verletzungsgefahr für Muskeln, Sehnen, Bänder sowie Gelenke auf ein Minimum reduziert. Vor jeder Trainingssession sollte also zuerst ein allgemeines Training erfolgen, welches etwa 5 bis 10 Minuten dauern und mit niedriger bis mittlerer Intensität durchgeführt werden

---

[64] Vgl. MIEßNER 2013 S.56
[65] MIEßNER 2013 S.56
[66] Vgl. MIEßNER 2013 S.56
[67] WEINECK, A./WEINECK, J., Band 2, 2010[8] S.144

sollte. Geeignete Geräte sind hierfür zum Beispiel das Laufband, Rudergerät oder der Stepper[68].

Abb. 10 Geeignete Dehnübungen für den Rücken

Ist der Körper nun mit einem leichten Schweißfilm überzogen, werden die nachfolgend zu trainierenden Muskeln leicht gedehnt. Mit einer ruhigen Atmung sollte vorsichtig mit den spezifischen Dehnübungen begonnen werden, wird ein leichtes Spannungsgefühl verspürt, hält man diese Position 20 bis 30 Sekunden. Pro Muskel reichen hierbei allerdings ein bis zwei Dehnübungen[69].

Nach leichter Andehnung der Muskulatur erfolgt das spezielle Aufwärmen, welches durch das Absolvieren sportartspezifischer Bewegungen realisiert wird. Steht exemplarisch heute Bankdrücken auf dem Trainingsplan sollten vor dem Beginn des richtigen Trainings ein bis zwei leichte Sätze Bankdrücken mit 12 bis 20 Wiederholungen und etwa 30% bis 50% der Maximalleistung durchgeführt werden. Dadurch ist der Muskel leistungsfähiger, weniger verletzungsanfällig und kann schneller kontrahieren. Stehen auch noch andere Übungen auf dem Plan lohnt es sich auch hier wiederum sich mit ein bis zwei Sätzen vernünftig aufzuwärmen[70].

5.5.3. Trainingspläne

Nach der Besprechung der Grundlagen werden nun die Trainingspläne angelegt. Zur Wahl der richtigen Wiederholungszahl in jeder Woche dient Tabelle 7. Zu vermerken ist außerdem, dass nach einem vollständigen Trainingszyklus (Push-Day, Pull-Day, Leg-Day) ein Tag Krafttrainingspause erfolgt (Tab. 6), jedoch durchaus Cardiotraining stattfinden kann. Der in den Tabellen erstellte Trainingsplan ist von oben nach unten abzuarbeiten. Die zweite Übung eines Supersatzes sollte zudem unabhängig von der Wiederholungszahl immer bis zum

---

[68] Vgl. BREITENSTEIN/HAMM 2016 S.64-65
[69] Vgl. BREITENSTEIN/HAMM 2016 S.65
[70] Vgl. BREITENSTEIN/HAMM 2016 S.65

Muskelversagen durchgeführt werden. Allgemein sollte ein Trainingsgewicht gewählt werden mit dem beispielsweise genau 10 Wiederholungen möglich sind aber keine elfte, also jeder Satz

Woche:	Wiederholungszahl:
1	12 (Hypertrophie)
2	12 (Hypertrophie)
3	10 (Hypertrophie)
4	10 (Hypertrophie)
5	8 (Hypertrophie)
6	8 (Hypertrophie)
7	5 (Intramuskuläre Koordination)
8	3 (Intramuskuläre Koordination)
9	**Pause**

Tab. 7 Passende Wiederholungszahl in jeder Woche

5.5.3.1. Push-Day
5.5.3.1.1. Hypertrophie

Muskelgruppe:	Übung:	Sätze:
Brust	Bankdrücken	3
	Kurzhanteldrücken Schrägbank	3
	Supersatz (Butterfly & Liegestütze)	2
Schultern	Schulterdrücken mit Kurzhantel	3
	Aufrechtes Rudern	3
	Vorgebeugtes Seitheben	3
Trizeps	Trizepsstrecken im Sitzen	3
	Trizepsdrücken am Seil	3

Tab. 8 Push-Day Hypertrophie

Auf Seite 12 wurde vermerkt, dass pro Muskel mindestens 4 Übungskombinationen trainiert werden sollten, das ist auch hier der Fall da beispielsweise die Brust auch in das Schulterdrücken mit Kurzhantel involviert ist.

5.5.3.1.2. Intramuskuläre Koordination

Muskelgruppe:	Übung:	Sätze:
Brust	Bankdrücken	5
	Schrägbankdrücken	5
Schultern	Schulterdrücken	5
	Seitheben	5
	Frontheben	5
Trizeps	Dips	5

Tab. 9 Push-Day Intramuskuläre Koordination

Supersätze sind für das Training der Intramuskulären Koordination nicht geeignet, da durch die hohen Belastungen ein Supersatz die Muskulatur zu stark beanspruchen würde und die Bewegungstechnik leiden müsste, was zu schweren Verletzungen führen kann.

5.5.3.2. Pull-Day
5.5.3.2.1.1. Hypertrophie

Muskelgruppe:	Übung:	Sätze:
Rücken	Klimmzug	3
	Langhantelrudern	3
	Supersatz (Rudern am Kabelzug & Überzug)	3
Trapezmuskel	Schulterheben mit Kurzhantel	3
Bizeps	Bizepscurls	3
	Scottcurls mit Kurzhantel	3
Unterarme	Unterarmbeugen	3

Tab. 10 Pull-Day Hypertrophie

5.5.3.2.1.2. Intramuskuläre Koordination

Muskelgruppe:	Übung:	Sätze:
Rücken	Rudern mit Langhantel	5
	Klimmzug mit Zusatzgewicht	5
	Rudern mit Kurzhantel	5
Trapezmuskel	Schulterheben mit Langhantel	5
Bizeps	Bizepscurls	5
	Bizepscurls am Seilzug	5

Tab. 11 Pull-Day Intramuskuläre Koordination

5.5.3.3. Leg-Day
5.5.3.3.1. Hypertrophie

Muskelgruppe:	Übung:	Sätze:
Quadrizeps	Kniebeuge	3
	Supersatz (Beinpresse & Beinstrecken	3
Beinbizeps	Beincurls im Liegen	3
	Romanian Deadlift	3
Unterer Rücken	Kreuzheben	3
Waden	Wadenheben im Sehen	3
	Wadenheben im Sitzen	3
Bauch	Hängendes Beinheben	3

Tab. 12 Leg-Day Hypertrophie

Beim hängenden Beinheben kann Zusatzgewicht an die Beine gebunden werden um den Muskel innerhalb der angegebenen Wiederholungszahl bis zum Versagen zu beanspruchen.

Der große Gesäßmuskel muss nicht mehr unbedingt explizit trainiert werden, weil dieser in Übungen wie den Kniebeugen sehr stark beansprucht wird.

5.5.3.4. Intramuskuläre Koordination

Muskelgruppe:	Übung:	Sätze:
Quadrizeps	Kniebeuge	5
	Beinpresse	5
	Beinstrecken	5
Unterer Rücken	Kreuzheben	5
Beinbizeps	Romanian Deadlift	5
	Beincurls im Liegen	5
Waden	Wadenheben im Stehen	5
	Wadenheben im Sitzen	5

Tab. 13 Leg-Day Intramuskuläre Koordination

5.5.4. Abwärmen

Durch das aktive Abwärmen des Sportlers erfolgt eine schnellere Rückführung in den Ruhezustand durch Nachbelastungsaktivitäten wie etwa lockeres Auslaufen, Ausrudern, Radfahren mit verminderter Geschwindigkeit oder Dehnungs- und Entspannungsgymnastik[71].

5.5.5. Instinktivprinzip

Das im Muskelaufbausport wichtigste Prinzip ist das Instinktivprinzip. Viele Trainingsmethoden bringen Erfolg, doch welche ist die beste für die jeweilige Bezugsperson? Deshalb sollte man mit verschiedenen Methoden experimentieren bis jeder für sich die passende gefunden hat, da jeder individuelle Voraussetzungen mit sich bringt. So sollte man in der Regel mindestens 6 Wochen bei einer Methode bleiben, denn dieser Zeitraum ist notwendig, um

---

[71] Vgl. WEINECK, A./WEINECK, J., Band 2, 2010[8] S.151

Maßnahmen im Training auf ihre Effektivität zu prüfen. Baut man also Kraft und Muskeln auf, liegt man richtig. Ist dies nicht der Fall, muss man etwas ändern. So kann man zum Beispiel die Häufigkeit der Trainingseinheiten, die Trainingsmethode oder das Volumen variieren[72]. Hierbei ist auch die sogenannte „2 für 2"[73] Regel hilfreich: Schafft man an zwei aufeinanderfolgenden gleichförmigen Trainingstagen mit einem bestimmten Gewicht mehr als der Trainingsplan vorsieht, ist es Zeit das Trainingsgewicht zu erhöhen. Ist es beispielsweise anstatt den vorgesehenen 8 Wiederholungen mit 80kg möglich 10 Wiederholungen bei sauberer Ausführung zu absolvieren, sollte die Intensität um etwa 10% erhöht werden. Genauso kann umgekehrt, falls der Trainierende merken sollte, dass sein Muskel noch nicht ausreichend regeneriert ist, die Trainingsintensität nach eigenem Ermessen vermindert werden. Die Erfahrung des Klienten ist an dieser Stelle ein entscheidender Faktor, da er sich und seine Leistungsfähigkeit am besten einschätzen kann. So kann die Trainingsintensität auch während des Mesozyklus einfach erhöht oder vermindert werden und es ist nicht notwendig bei jeder Intensitätserhöhung oder -senkung einen erneuten Krafttest zu machen[74].

6. Weiterführung des Trainingsplans

Ist der achtwöchige Mesozyklus vorbei, kann nach der Pause einfach wieder erneut mit einem Krafttest und erhöhter Trainingsintensität von Vorne begonnen werden.

---

[72] BREITENSTEIN/HAMM 2016 S.52
[73] https://marvinsfitnessblog.com/2016/12/15/muskelaufbau-wann-ihr-eure-gewichte-erhoehen-solltet/
[74] Vgl. https://marvinsfitnessblog.com/2016/12/15/muskelaufbau-wann-ihr-eure-gewichte-erhoehen-solltet/

Literaturverzeichnis

MIEßNER: Das Profi Hanteltraining, BLV Verlag, München, 2015

EHLENZ/GROSSER/ZIMMERMANN: Krafttraining – Grundlagen, Methoden, Übungen, Leistungssteuerung, Trainingsprogramme, BLV Sportwissen Verlag, München,1983

STOPPANI: Krafttraining – Die Enzyklopädie, Riva Verlag, München, 2016

KIERDORF: Krafttraining – Schneller Muskelaufbau, Meyer & Meyer Sport Verlag, Aachen, 2015

WEINECK, A./WEINECK, J.: Leistungskurs Sport, Band 2, Südost Verlags Service, Waldkirchen, 2010^8

WEINECK, A./WEINECK, J.: Leistungskurs Sport, Band 1, Südost Verlags Service, Waldkirchen, 2010^8

WEINECK, A./WEINECK, J./WATZINGER: Leistungskurs Sport, Band 3, Südost Verlags Service, Waldkirchen, 2010^7

PAULS: Das große Buch vom Krafttraining, Copress Verlag, München, 2012

ESQEREDO: Enzyklopädie Muskeltraining, HEEL Verlag, Bonn, 2014^6

MIEßNER: Richtig Krafttraining, BLV Verlag, München, 2013

FREIWALD/GREIWING: Optimales Krafttraining – Sport – Rehabilitation – Prävention, Spitta Verlag, Balingen, 2015

DELAVIER: Der neue Muskel-Guide, BLV Verlag, München, 2016^{15}

HARMS: Wie Du mit effektivem Krafttraining und der richtigen Ernährung effektiv Muskeln aufbaust und Deinen Traumkörper erlangst, M. Abed Hourani, Aalen, 2018

GROSSER/EHLENZ/GRIEBL/ZIMMERMANN: Richtig Muskeltraining, HEEL Verlag, Bonn, 1994^6

SCHNABEL/HARRE/KRUG: Trainingslehre Trainingswissenschaft – Leistung – Training – Wettkampf, Meyer & Meyer Verlag, Aachen, 2016

BREITENSTEIN/HAMM: Bodybuilding – erfolgreich, natürlich, gesund, BoD – Books on Demand, 2016

Internetquellen:

http://www.gesundheitaktivgestalten.de/aktuelles/aktuelles-im-detail/?tx_ttnews%5Btt_news%5D=64&cHash=8ef64763e6ec84d0ed1a6854f00e2249
‚zuletzt aufgerufen am 25.10.2018

https://marvinsfitnessblog.com/2016/12/15/muskelaufbau-wann-ihr-eure-gewichte-erhoehen-solltet/
‚zuletzt aufgerufen am 22.10.18

BEI GRIN MACHT SICH IHR WISSEN BEZAHLT

- Wir veröffentlichen Ihre Hausarbeit, Bachelor- und Masterarbeit

- Ihr eigenes eBook und Buch - weltweit in allen wichtigen Shops

- Verdienen Sie an jedem Verkauf

Jetzt bei www.GRIN.com hochladen und kostenlos publizieren